Erfolgreich werben im Internet und anderen Plattformen

Erfahrener Blogger gibt Tipps und Kow-How

Aus dem Inhalt:

- Suchmaschinen-Optimierung > einfach und verständlich erklärt
- Vor- und Nachteile Suchmaschinen-Optimierung
- Wie deine Webseite im Internet garantiert gefunden wird!
- Wie du deine Verkaufsangebote interessant gestaltest!
- Ausweg „Nischenprodukte"
- Sonstige Werbemöglichkeiten
- Welche **Alternativen** bieten sich noch, an Neukunden zu gelangen?
-

Dies Büchlein befasst sich mit dem Thema Suchmaschinen-Optimierung und Neukunden-Werbung.
Zwei Begriffe, auf die du früher oder später unweigerlich stößt, wenn du vor hast im Internet präsent zu sein mit einem Geschäft oder Unternehmen.

Es ist ein Versuch, Informationen und Ratschläge zu geben an kleinere Geschäfte / Unternehmen, Selbständige Handwerker, Gaststätten- / Kneipenbesitzer etc..
Eine gute Präsenz im Internet zu haben, ist in heutiger Zeit überlebenswichtig.

Eine eigene Webseite macht Kunden auf dein Geschäft / Unternehmen aufmerksam. Viele, die etwas verkaufen möchten oder eine Dienstleistung suchen, tun dies heute im Internet.

Dies bietet dir als Gewerbetreibender die Gelegenheit, leichter an Neukunden zu gelangen, wenn du es richtig anstellst.

<u>„Es richtig anstellen" will heißen,</u>
biete Interessenten auf deiner Webseite wichtige Informationen nach denen sie suchen. Gleichzeitig erhöht dies für dich die Möglichkeit, damit den Umsatz zu steigern.

Eine gute „Homepage" ist dein Aushängeschild und zugleich deine digitale Visitenkarte, die zu guten Verkaufserfolgen führen kann. Zufriedene Kunden haben die Möglichkeit, einen Link zu deiner Webseite als *Empfehlung* zu schicken.

Welche Merkmale sollte eine gute Webseite aufweisen?
Geschäfte / Unternehmen die neu sind und vorhaben, einen Internet-Auftritt zu starten, sollten sich folgende Fragen stellen:

- Was ist mein Ziel und was will ich erreichen?
- Welche finanziellen und sonstigen Mittel stehen mir zur Verfügung?
- Wie viel Zeit wird dies für mich beanspruchen?
- Welchen Weg muss ich gehen, um mein Ziel zu erreichen?
- Wie kann ich den Kunden an mein Unternehmen binden?
   > Zum Beispiel durch interessante Informationen, Bilder oder Videos.
- Oder erstelle ein Formular, wo Kunden direkt mit dir in Kontakt treten können.
   Biete dem Kunden Lösungen an
   So baust du zu Kunden eine positive Beziehung auf und kannst sie langfristig binden.

- Versuche soviel wie möglich zu automatisieren, z.B. beim Verkauf oder bei Rückfragen.
- Versuche herauszufinden, wer deine Kunden sind, bzw. wo diese zu finden sind.
  Dort setzt du gezielt deine Keywords / Suchbegriffe ein.

Klare Ziele setzen

Klare Ziele sind wichtig für dein handeln. Nur wer klare Ziele hat, weiß auch wo er hin will und treibt nicht wie ein ruderloses Boot im offenem Meer.

Durch klare Ziele gelingt es dir viel mehr, dein finanziell gestecktes Ziel bis Jahresende zu erreichen. Teile dein Jahresziel in kleine Schritte ein, die du erreichen willst. So hast du stets Kontrolle über deinen Erfolg oder ggf. Misserfolg, den du dann zeitgerecht noch beheben kannst.

Was bringt eine gute Webseite?

Gute Webseiten überzeugen u.a. mit folgenden Merkmalen:
Klare Ziele und eindeutige Zielgruppen-Orientierung
Eine inhaltlich passende, einfache, kurze und gut merkbare Domain.
Interessante, abwechslungsreiche und aktuelle Inhalte, die Zielgruppen-orientiert sind.

Welchen Nutzen bietet der Internet-Auftritt deinem Unternehmen?

Mit einem Internet-Auftritt bietest du Kunden einen echten Mehrwert. Gleichzeitig hast du online das Potenzial, auch ganz andere neue Käuferschichten und Zielgruppen zu erreichen, die dir offline, also ohne Internet-Präsenz, bisher „durch die Lappen" gegangen sind.

Warum eine professionelle Webseite?

Die Imagepflege ist vermutlich einer der offensichtlichsten
und auch wichtigsten Gründe, warum man eine
professionelle Webseite erstellen lassen sollte. Für den
ersten Eindruck gibt es schließlich keine zweite Chance.
Dabei kann das eigene Unternehmen noch so professionell
erfolgreich und aufstrebend sein.

Vor- und Nachteile einer Homepage für Unternehmen
Vorteile:
Inhalte unterliegen keiner Wertung durch Dritte. Das heißt,
niemand kann dir reinreden, du bist dein eigener Chef und
„deines Glückes Schmied".
Möglichkeit von Kunden, Kommentare abzugeben.

Nachteile:
Webseiten sind sehr oft statisch, bieten keine
Interaktionsmöglichkeiten.
Pflege von Inhalten bzw. Verwaltung ist aufwendiger.

Wenn du mit Erstellung deiner Webseite fertig bist, folgt der
nächste Schritt deines Vorhabens.
Diesen Schritt nennt man „Suchmaschinen-Optimierung".

Was ist Suchmaschinen-Optimierung?
Suchmaschinen-Optimierung – englisch Search Engine
Imitation (SEO) – bezeichnet Maßnahmen, die dazu dienen,
die Sichtbarkeit einer Webseite und ihrer Inhalte für
Benutzer einer Websuchmaschine zu erhöhen.
--

Was bringt SEO dir?
Für wen eignet sich SEO? Die Optimierung der Webseite hilft
allen Unternehmen – ob groß oder klein – die bei Google
von potentiellen Kunden gefunden werden möchten.

Die Rechnung dabei ist ganz einfach: Je weiter oben du bei
Google platziert bist, desto häufiger wird deine Firma auch

angeklickt.

Wenn du eine Webseite betreibst, um neue Kunden aus dem Internet zu gewinnen, brauchst du gute Keywords, damit deine Webseite im Internet gefunden werden kann.

Was brauchst du als Erstes?
Um Neukunden anzusprechen, brauchst du erst mal Interessenten.
<u>Wie gewinnst du Interessenten?</u>
Interessenten gewinnst du, indem du deine Webseite so gestaltest, dass Interessenten auf dich aufmerksam werden.

<u>Wie werden Interessenten aufmerksam auf dich und deine Webseite?</u>
Indem du es schaffst, bei Google auf vordere Listenplätze zu gelangen.
Listenplätze weiter hinten nützen dir wenig. Deine Seite landet dann „unter ferner liefen...".
Dort wird dich niemand suchen.

Was brauchst du unbedingt?
Du brauchst gute Suchbegriffe (Keywords) für dein Angebot.
Unter „Keywords" versteht man Suchbegriffe, auch „Labels" genannt.
Mit den Suchbegriffen die du eingibst, steuerst du deine Verkaufsangebote, oder besser gesagt, finden Interessenten zu deinem Angebot, bzw. Angeboten.
Keywords zielen also darauf ab, Interessenten zu generieren.

Je treffender deine Keywords sind, die du eingibst für dein Angebot, je leichter wird deine Seite im Internet gefunden.
Es genügt jedoch nicht, nur gute Keywords zu finden und dein Angebot mit Preisliste in Internet zu stellen.

Was brauchst du noch?

Was du noch brauchst ist „Content".
Was ist Content?
Content bedeutet „Inhalt", will heißen, du brauchst auch
gute Inhalte für deine Seite(n).
Gute Inhalte sind wichtig für deinen Erfolg.
Beschreibe also das, was du anbieten möchtest, so gut wie
möglich.

Informiere deine Kunden auch über spezielle Vorteile die
dein Produkt bietet oder besondere Dienstleistungen die du
erbringen kannst.... Dienstleistungen, die deine
Mitkonkurrenten nicht bieten oder erbringen können.
Dies können auch spezielle, handwerkliche Fähigkeiten sein,
die du leistest

<u>Zu einem guten Content gehören auch Bilder.</u>
Begehe jedoch nie den Fehler, bereits im Internet
befindliche Bilder, z.B. Bildmaterial deiner Hersteller zu
verwenden, für die du arbeitest.
Solch Bilder sind ein absolutes No-Go und werden als
solches von deinen Besuchern leicht erkannt.
Wenn du Bilder einstellst, dann bitte nur Original-Bilder, die
du selbst gefertigt oder von einem Fotografen hast fertigen
lassen.

<u>Beispiele:</u>

1. <u>Du verkaufst Autos und stellst Bilder von Herstellern ein,
mit denen du zusammen arbeitest.</u>

Bitte lass das sein! Es schädigt dein Image bei
Interessenten und bringt dir Minuspunkte bei deinem
Google-Ranking ein.
*Was man unter dem Wort Google-Rank versteht, darauf
komme ich noch.*

Wenn du Autos verkaufst ist es besser, ein oder mehrere
Fotos der Autos zu machen, die dein Verkaufsangebot
aktuell zeigt. Ansicht der Autos aus verschiedenen

Perspektiven, z.B. von vorne, seitlich, von hinten oder ggf. auch von oben.

Wichtig bei deinen Autofotos wäre auch die Umgebung. Solltest du einen schnellen, sportlichen Flitzer anbieten (eventuell mit offenem Verdeck), dann wäre es wenig verkaufsfördernd diesen Wagen in deinem eigenem Ausstellungsraum oder gar in einer Garage zu präsentieren.

Nimm stattdessen den sportlichen Flitzer und lasse ihn von einem Insassen aus der Perspektive eines kurvigen Berghanges hochfahren, natürlich bei sonnigem Wetter. Solch Bild begeistert Interessenten und schafft Sehnsucht, dies auch erleben zu wollen.

2. Du bist Schreiner und stellst Bilder deiner Geschäftspartner ein, z.B. eine Fertigtreppe, Fenster usw.

Solltest du eine Schreinerei betreiben, dann mache z.B. Fotos von einer gleichartigen Fertigtreppe, die du bereits bei einem Kunden eingebaut hast.

Bist du Möbeltischler, dann zeige Original-Bilder deines Angebotes (verschiedene Perspektiven) einschließlich Extras und Besonderheiten, die dein Konkurrenten so nicht leisten.

Auch Videos sind verkaufsfördernd, sofern es sich um bewegliche Dinge handelt die du verkaufen oder vorführen möchtest.
Versuche also stets, deine Webseiten mit guten Inhalten zu füllen.

Wer sind deine Mitkonkurrenten?
Wenn du neu ein Geschäft im Internet startest oder dein Geschäfts bereits dort vertreten ist, willst du wissen, wer deine Mitkonkurrenten sind.

Wie findest du heraus, wer deine Mitkonkurrenten sind?
Hierzu brauchst du nur in der Google-Adresszeile einen Suchbegriff deines Angebotes eingeben und auf Enter klicken.

Beispiel:
Du bist Tischler und bietest Kunden die Restauration alter Möbel an. Hierfür gibst du bei Google deinen Suchbegriff in die Adresszeile ein, z.B. „Möbel restaurieren".

Sofort zeigt die Google entsprechende Ergebnisse deiner Suche.

Bild

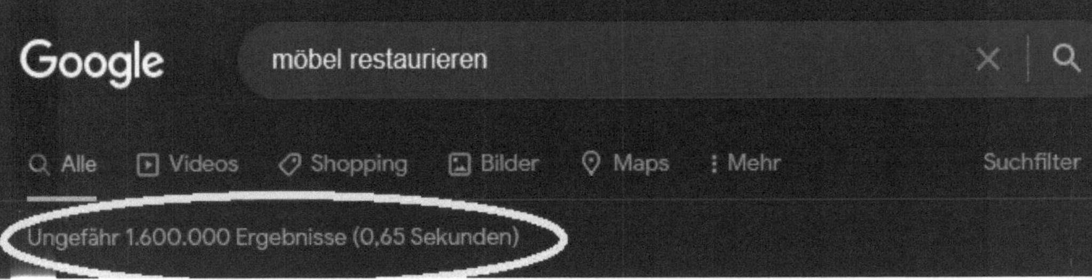

In obigem Beispiel zeigt dein Suchbegriff „Möbel restaurieren" etwa 1.600.000 Ergebnisse.

Dies besagt, dass deine Firma bzw. dein Angebot mit 1.600.000 Mitbewerbern konkurriert die gleiches oder ähnliches anbieten.

Dies sind eine Menge Leute, die ebenso wie du ihre Produkte oder Dienstleistungen an den Mann oder die Frau bringen wollen.

Wenn deine Webseite noch neu ist oder deine Firma noch

nicht lange am Markt, stehst du bei Google erst mal ganz hinten in der Reihe, also auf Platz 1.600.001 dieser Liste.

Dort wird deine Webseite niemand suchen wollen, es sei denn, er kennt bereits dein Geschäft oder hat bei dir schon mal einmal gekauft. Internet-User suchen meist nur bis zu den ersten beiden Seiten, um etwas zu finden. Seiten weiter hinten werden nur selten besucht. Und bis zu deiner Seite auf Platz 1.600.001 wird sicher niemand suchen. Solch zeitraubende Arbeit macht sich niemand.

Beim Internet ist es ähnlich wie bei einem dicken Telefonbuch einer Großstadt. Suchst du dort einen Maler der dir deine Hauswand streichen soll, finden sich Dutzende Adressen.

Sicher wirst du dir nicht die Mühe machen all diese Adressen zu durchsuchen und zu lesen, um den passenden Anbieter zu finden. Das kann Stunden oder gar Tage dauern und diese Zeit hast du nicht.

Du hast nun zwei Möglichkeiten zeitnah deinen Handwerker zu finden:
A / Du suchst einige der vorderen Seiten des Telefonbuches durch, um fündig zu werden.

B / Du suchst nur Firmen, die auf der ersten Seite ganz vorne sind und deren Firmenname meist mir schwarzer oder roter Farbe hervorgehoben stehen. So wirst du schneller finden was du suchst.

Ähnlich einem Telefonbuch ist es bei der Suche im Internet. Nur wenn du es schaffst, auf den ersten beiden Seiten präsent zu sein, bestehen gute Chancen das deine Firma im Internet gefunden und besucht wird.
Noch besser wäre, auf die erste Seite im Internet zu gelangen.

Den größten Erfolg aufgerufen zu werden, haben oben
stehende 5 Listenplätze. Dorthin zu gelangen ist für den
„normalen" Webseite-Betreiber fast unmöglich.

<u>Warum ist dies fast unmöglich?</u>
In der Regel finden sich dort nur Großunternehmen die mit
Google einen Vertrag geschlossen haben, diese Plätze
belegen zu dürfen. Hierfür investieren diese Firmen Geld in
Werbekosten, und zwar viel Geld. Es gibt Unternehmen die
jährlich einen Etat von mehreren Millionen ausgeben, nur
für Werbung.

Dies Geld hast du nicht und musst froh sein, irgendwann
mal darunter befindliche Listenplätze zu erreichen. Dies
hängt auch davon ab, welch Produkte und Dienstleistungen
du anbietest. Wenn du Produkte / Dienstleistungen bietest
die eine Menge Mitbewerber haben, dann wird es schwer auf
vordere Plätze zu gelangen, nur allein mit Suchmaschinen-
Optimierung.

Ausweg „Nischen-Produkte"
Besser sieht es aus für Firmen die Nischen-Produkte im
Angebot haben.

<u>Was sind „Nischen-Produkte?"</u>
Unter Nischen-Produkten versteht man Produkte /
Dienstleistungen für die sich nur ein kleiner Teil der Käufer
interessieren. Das sind Produkte / Dienstleistungen auf die
Standard-Anbieter nicht eingehen können.
Es sind spezielle oder exklusive Produkte.

<u>Hier zwei Beispiele:</u>

Bild 1

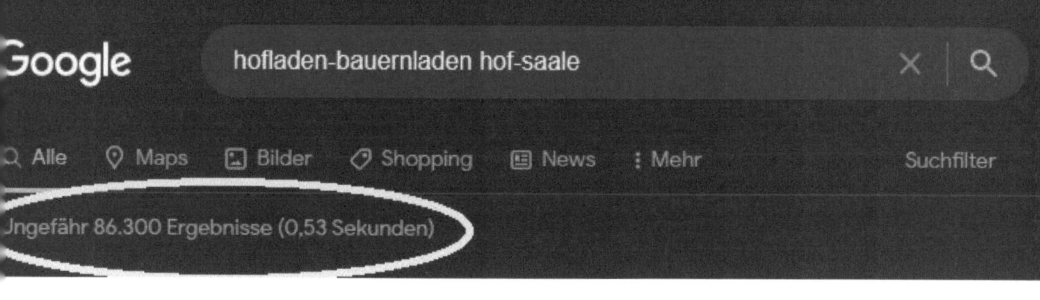

Wie du sehen kannst, hat die Google-Suche in obigem Bild 2 wesentlich weniger Ergebnisse bzw. Mitkonkurrenten, als weiter oben in Bild 1 – nämlich nur 86.300 Ergebnisse.

Bild 2

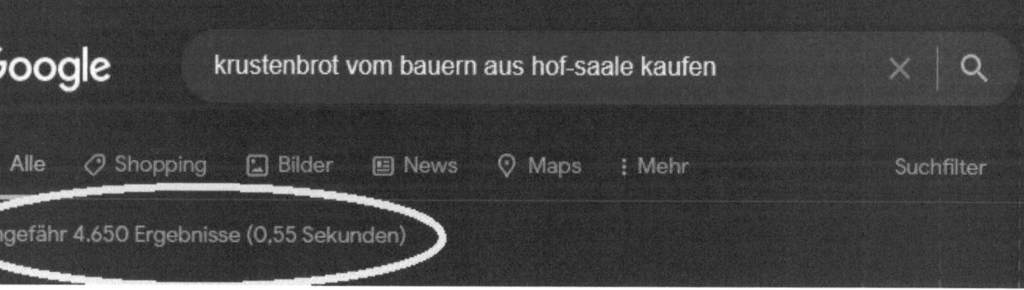

Bei noch speziellerer Suche unter betreffender Stadt /Gemeinde (Krustenbrot aus Hof-Saale) zeigt Google nur noch 4.650 Ergebnisse. Die Anzahl der Mitbewerber hat sich also deutlich reduziert. Hier würden für deine Webseite gute Chancen bestehen, im Internet auf vordere Plätze zu gelangen und gefunden zu werden.

Nischen-Produkte können auch sein: Spezielle Pflanzen,

Briefmarken oder Trendprodukte (wie Schallplatten usw).

Vielleicht gelingt es dir auch, über ein Nischen-Produkt
deine sonstigen Angebote mit bekannt zu machen und mit
zu vertreiben, sofern du es geschickt anstellst.

Was ist noch wichtig für dich?
* Du solltest Ahnung haben, wer deine Mit-Konkurrenten
  sind.
    > Nicht nur Bauchnabelschau betreiben für deine Seite
      und Produkte. Informiere dich über deine
      Mit-Konkurrenten und deren Angebote.

* Beobachte was deine Mit-Konkurrenten machen.

* Welche Produkte/Dienstleistungen bieten sie an, die du
  noch nicht kennst?

* Welche Preise verlangen deine Mitbewerber?

* Bieten deine Konkurrenten Rabatte oder Nachlässe an, die
 du nicht im Programm hast?

* Bieten deine Konkurrenten spezielle Dienstleistungen oder
Fertigkeiten an?

Darüber solltest du Bescheid wissen, um mit deinen
Angeboten mithalten zu können.

 Du musst stetig daran arbeiten, deinen Google-Listenplatz
zu verbessern.

Welche Suchbegriffe solltest du wählen?
Suche nach Keywords die noch nicht so viele Konkurrenten
haben. Bei bereits viel verwendeten Suchbegriffen anderer
Mitbewerber steht deine Webseite hinten an und du musst
dich langsam vorarbeiten.

Bei weniger Suchbegriff-Konkurrenten sind deine Chancen besser, gefunden zu werden.

<u>Beispiel:</u>
Ein von dir eingegebener Suchbegriff (1) zeigt bei Google-Ads 13.000 Interessenten / Kosten per Klick 1,20 Euro / Wettbewerb 2%

Ein anderer Suchbegriff mit wenig Konkurrenten zeigt: 300 Interessenten / Kosten per Klick „0" Euro / Wettbewerb 0%

Bei Eingabe des Suchbegriffs (2) mit nur 300 Konkurrenten im Monat hast du gute Chancen gefunden zu werden. Du solltest deshalb diesen Suchbegriff als Keyword verwenden.

<u>Bedenke:</u> Was nützt dir der Suchbegriff (1) mit 13.000 Interessenten, wenn du in der Rangliste hinten an stehst? Es nützt dir sehr wenig bzw. nichts! Du musst erst die auf der Rangliste vor dir stehenden 13.000 Mit-Konkurrenten überwinden, um vordere Plätze zu erreichen.

Niemand wird sich die Mühe machen bis Rangplatz 13.000 suchen zu wollen, da sehr zeitintensiv.
Somit wäre es in diesem Fall besser, das Keyword (2) mit weniger Konkurrenten zu wählen.

Du kennst sicher den alten Spruch: „Ein Spatz in der Hand ist besser, als eine Taube auf dem Dach."

<u>Wenn du allein mit Eingabe von Suchbegriffen in der Rangliste nach vorne kommen willst, musst du:</u>

a) regelmäßig in kurzen Abständen (möglichst täglich) an deiner Webseite arbeiten und neue Informationen bringen.

b) Regelmäßig deine Suchbegriffe prüfen auf zwischenzeitliche Änderungen und Verbesserungsmöglichkeiten, um mithalten zu können.

Wenn du das schaffst, hast du Chancen auch ohne Werbemittel-Einsatz deine Rangliste langsam zu verbessern. Doch dies braucht Zeit und kann Jahre dauern. Diese Zeit hat ein Geschäftsmann nicht.

Somit wirst du nicht umhin kommen, etwas Geld in die Hand zu nehmen für Werbeausgaben bei Google, um dein Ranking zu verbessern und neue Besucher auf deine Webseite zu locken.

Wie du es schaffst, deinen Google-Rank zu verbessern!
Gut, du hast es geschafft deine Optimierung nun selbst zu machen.

Um im Rennen zu bleiben ist es notwendig, in regelmäßigen Abständen deine bisherigen Keywords auf Aktualität zu überprüfen. Internetbesucher ändern laufend ihr Verhalten auf der Suche nach neuen, anderen Keywords.

Es gilt, neue Suchbegriffe baldmöglichst in deine Webseite zu nehmen. So gehörst du mit zu den Ersten die dieses Keyword verwenden und erreichst, auf vorderen Rangplätzen gesehen zu werden.

Beispiel:
Wenn du ein Keyword verwendest, das bereits ein hohes Volumen an Aufrufen im Internet hat, z.B. das Suchwort „impfen", dann solltest du alternativ ein anderes Suchwort wählen.

Warum?
Wenn du ebenfalls das Suchwort „impfen" für deine Webseite wählst, kannst du sicher sein, dass du dich ganz hinten anstellen musst und deine Webseite wohl nie aufgerufen werden wird. Es werden hunderte, ja ggf. tausende von anderen Webseiten vor dir sein.
Und niemand ruft eine Webseite auf, die ganz hinten an

letzter Stelle steht, z.B. auf Seite 2.100.000. Solch Arbeit macht sich niemand.

Für einen Webseite-Betreiber der erst neu oder noch nicht lange sein Geschäft betreibt und nur mit Keywords arbeitet, ist warten angesagt bis er langsam und Schritt für Schritt nach vorne kommt.

Das kann Jahre dauern, ggf. 7 Jahre oder länger. Und auch dann bist du noch nicht auf den ersten zwei Seiten im Internet angelangt.

Wenn du meinst, dass du allein mit dem Internet und guten Suchbegriffen, von Internet-Usern gefunden wirst, kannst du ewig warten.

Ja, deine Webseite wird im Internet gefunden werden, jedoch nur von denen, die dich oder deine Firma bereits kennen oder schon mal bei dir etwas bestellt haben, z.B. Verwandte, Bekannte oder Kunden die dein Angebot über eine Werbeanzeige in der Zeitung, Internet oder sonstiger Eigenwerbung gefunden haben. Jedoch Neukunden akquirieren lassen sich damit nicht.

Und genau darauf kommt es doch im Internet an. Ohne Gewinnung von Neukunden wird dein Geschäft oder Unternehmen mittel- oder langfristig keinen Bestand haben. Dein Geschäft lebt von Neukunden und Empfehlungen die auf deine Webseite führen.

Welche Alternativen bieten sich noch, an Neukunden zu gelangen?

<u>Werbung schalten in verschiedenen Medien</u>
Werbungskosten hängen immer davon ab, wie groß die Reichweite deiner Zielgruppe ist.

Ist die Reichweite überregional, sind die Kosten hoch. Dort

kostet eine kleine Anzeige mit ca. 20 Quadratzentimeter am
Wochenende zwischen 80.000 und 90.000 Euro.

Inserierst du in einer regionalen Zeitung für dein Angebot,
kostet eine ähnliche Anzeige am Wochenende etwa 500 bis
600 Euro, also im Vergleich viel weniger.

Zeitschriften / Große Magazine
Auch hier sind die Kosten sehr hoch.
Große Magazine verlangen für eine ganze Werbeseite
zwischen 50.000 und 90.000 Euro pro Tag.
Besser wäre, dich bei einer branchenspezifischen Zeitschrift
zu erkundigen, dort sind die Kosten oft deutlich geringen.

Radio:
Auch hier variieren die Preise je nach Reichweite des
Senders stark.
Während regionale Sender ihre Werbung bereits für 17 bis
20 Euro die Sekunde ausstrahlen, zahlt man für die gleiche
Zeit bei großen, bekannten Radiosendern bis zu 150 Euro.

TV-Werbung:
Besonders im TV sind die Kosten für Werbung stark
unterschiedlich. Es kommt jeweils auf den Sender an.
Möchtest du deine Werbespot bei einem öffentlich-
rechtlichen Sender, wie z.B. RTL veröffentlichen, zahlst du
dafür bis zu 4.000 Euro die Sekunde.

Sparten-Sender hingegen verlangen mit bis zu 150 Euro pro
Sekunde. Werbezeit deutlich weniger.
Sparten-Sender sind Hörfunk- oder Fernsehprogramme, die
auf spezielle Themen spezialisiert sind.

Internet
Mit Werbung im Internet kannst du deine Zielgruppe am
besten erreichen.
Du zahlst nicht pro Anzeige, sondern pro Klick.
Ja nach Anbieter variieren die Preise zwischen fünf und zehn

Euro pro Klick.

Arbeitest du mit Suchbegriffen oder Branchen-Sparten die geringe Aufrufe haben, zahlst du auch weniger pro Klick, z.B nur 50 Cent oder 1,20 Cent etc.

Egal, ob du mehr neue Kunden, mehr Anmeldungen / Buchungen, mehr Anrufe von potentiellen Kunden oder mehr Besucher für dein Ladengeschäft erhalten möchtest, die richtigen Anzeigen erleichtern dir die Suche nach deinem Geschäft.

Als Erstes musst du ein individuelles Budget festlegen, das deiner Firma / Unternehmen entspricht. Du musst also eine Summe festlegen, die du im Moment für Werbezwecke ausgeben willst und die nicht überschritten wird. Du hast die Möglichkeit, deine festgelegte Summe jederzeit anzupassen oder zu pausieren, wenn du möchtest.

Google-Mitarbeiter unterstützen dich dabei deine Anzeigen zu optimieren, um deine Ziele zu erreichen. Für Hilfe zum Start einer neuen Kampagne rufst du einfach diese Telefon-Nummer an:
0800 627 0914.

Sonstige Werbemöglichkeiten:

<u>Kino-Werbung:</u>
Diese Werbemöglichkeit ist nicht zu unterschätzen. Gerade im Bereich Gastronomie / Diskotheken lassen damit Neukunden gewinnen, sowie Alt-Kunden neu beleben.

Nicht wenige Kinobesucher ergreifen nach Ende des Films die Gelegenheit, noch eine Bierkneipe oder Restaurant aufzusuchen. Da kann Kinowerbung im Vorspann des Films die Entscheidung erleichtern, welch Lokalität man danach besuchen möchte.

Rechenbeispiel für Kinowerbung Hof/Saale:
Werbung im Kino 1 „CENTRAL" 13.782 Besucher /
Preis 1.529,28 Euro je Monat.
Werbung im Kino 2 „SCALA"   2.454 Besucher /
Preis   933,12 Euro je Monat.

Gesamtbetrag 2.746,08 Euro (inklusive Media und
Technische Kosten)
Quelle: crossvertise.com/de/media/cinema

Werbeflyer:
Gedruckte Werbeflyer kennt sicher jeder. Auch in Zeiten
digitaler Medien kommen Flyer immer noch gut an. Der
Name Flyer kommt von „fliegend", also eine Werbung die
sich für die Ankündigungen und hochaktuelle Werbung
nutzen lässt.

Ein Flyer muss vor allem übersichtlich gestaltet sein. Du
solltest auf zu viel Text verzichten.

Vermittle deine Nachricht kurz und bündig.
Vor allem wichtig: Wo kann man deine Dienstleistung
erhalten?
Vergiss auch nicht deine Webseite anzugeben, mit URL zum
Produkt.

Wenn du Produkte anbietest die hochwertig sind, muss dein
Flyer auch dementsprechend wirken.
Nimm in diesem Fall gutes Papier, statt normalen
Werbezetteln die am CopyShop ausgedruckt wurden.

Solltest du kein Werbeprofi sein, lass deinen Wurfzettel
besser von einem Werbefachmann gestalten, bevor du
unnötig Geld für Material und Arbeit zum Fenster rauswirfst.
Danach beauftrage eine Druckerei die deine Vorstellungen
verwirklichen kann.

Flyer sind eine altbekannte, immer noch wirksame und

zudem auch günstige Art, um Werbung zu machen. 100
Stück bekommst du bei Online-Druckereien für rund 30
Euro.
1.000 Stück kosten nur ein paar Euro mehr.

<u>Outdoor-Werbung</u>
Das ist eine Werbung die immer mehr Freunde gewinnt.
Es ist ein guter Weg für noch junge Unternehmen, ihre
Produkte und Dienstleistungen bekannt zu machen.

Zum Beispiel lässt sich Outdoor-Werbung gut über einem
Ladengeschäft anbringen, wenn dein Geschäft in direktem
Kundenkontakt mit dem Anbieter steht.

Outdoor-Werbung lässt sich sowohl im Außenbereich, als
auch im Innenbereich deines Firmengebäudes anbringen.
Es zielt darauf ab, die Aufmerksamkeit von Kunden auf sich
zu ziehen. Die Werbung hat meist größere bis sehr große
Formate, um auch aus größerer Entfernung gut erkennbar
zu sein. Zum Beispiel an Litfaßsäulen oder stark befahrenen
Straßen und Bushaltestellen.

Outdoor-Werbung kostet dich mindestens einen dreistelligen
Betrag , doch meist liegen die Kosten hierfür in einem
vierstelligem Bereich.

Werben mit Google Ads
Google-Ads ist mit zwei Millionen Nutzern der größte und
bekannteste Pay-per-Klick Anbieter.
Bei Google-Ads entscheidest du selbst, ob du lieber Banner-
oder Textwerbung in deine Webseite einbinden möchtest.

Du kannst es bei Google mit Cost-per-Click (CPC) Werbung
versuchen. Bei Cost-per-Click, bzw. Pay-per-Klick Werbung
zahlst du für jeden Klick der auf eine Anzeige im Internet
erfolgt.

Grundsätzlich bewegen sich die Preise für Google Ads

zwischen 0,05 und 4,00 Euro pro Klick. Nach oben hin gibt es keine Grenze – in besonderen Fällen können Klicks auch mehr als 20 Euro kosten. Du gibst bei Google Ads nur den Maximalpreis an, den du pro Klick zu zahlen bereit bist.

Du kannst vorher nie wissen, wie viele Menschen pro Tag deine Anzeige sehen oder darauf klicken. Deshalb ist es ratsam, ein maximales Tages- und Monatsbudget bei Google Ads anzugeben.

<u>Beispiel:</u>
Du gibst bei Google ein Tagesbudget von 20 Euro und ein Monatsbudget von 500 Euro ein.
Dann zeigt Google nur solange Anzeigen, bis deine 20 Euro am Tag erreicht sind.

Sollte es an einem Tag weniger oder mehr Nachfrage geben, regelt das System automatisch nach und gibt pro Tag etwas mehr oder weniger aus, aber nur bis zu deiner maximalen Monats-Höchstgrenze 500 Euro.

Es gibt jede Menge Faktoren, die direkt oder indirekt einen Einfluss auf deinen Klick-preis haben. Damit sich auseinandersetzen ist kompliziert und zeitaufwendig. Wenn du dich näher damit beschäftigen willst, lass dir Informationen von Google oder von anderen Experten zukommen.

Wenn du wissen möchtest, ob Google-Ads für dich funktioniert, solltest du versuchen, eine auswertbare Datengrundlage zu bekommen. Wenn du Klein-Unternehmer oder Kleinst-Unternehmer bist, solltest du mindestens 1.000 Euro pro Monat Werbekosten rechnen für einen begrenzten Zeitraum, z.B. 3 oder besser 6 Monate.

Für Unternehmen die möglichst viel Netzwerke mit Google abdecken wollen, wäre ein Monats-Budget von 5.000 Euro sinnvoll, um an gute Ergebnisse Datenauswertung zu kommen.

Dein Budget reicht hierfür nicht aus. Was kannst du tun?

Du bist kleiner Unternehmer oder Kleinst-Unternehmer und willst dein Budget niedriger halten. Dies schaffst du, indem du nur regional oder innerhalb einer Stadt oder eines Bundeslandes agierst. Dann verkleinert sich deine Zielgruppe und somit benötigst du nur ein geringeres Budget.

Einen kostensparenden Effekt kannst du auch mit dem Werbezeit-Planer erreichen.

Vorteil: Dort kannst du die Zeiten an denen du planst Werbung zu schalten, eingrenzen.

Wenn du zum Beispiel weißt, welche Zeiten für dich interessante Werbekunden im Internet agieren und du zu diesen Zeiten dein Budget in Anspruch nimmst, kannst du auch so deine Kosten mindern.

Statt ein Budget von 1.000 bis 5.000 Euro für überregionale Werbung zu wählen, nimmst du die Gelegenheit wahr, nur 500 Euro zu investieren, um so dein schmales Budget zu schonen.

Du hast also viele Möglichkeiten, die Google-Ads Kosten zu beeinflussen.

Den Klick-preis steuerst du über den maximalen CPC und deinen Quality Score.

Der CPC ist dein Gebot, mit dem du den Höchstbetrag festlegst, den du für einen Klick auf deine Google Ads Anzeige zu zahlen bereit bist.
Bei einem Klick auf deine Anzeige zahlst du nie mehr als den Betrag, den du als maximales CPC-Gebot angegeben hast.

Das SEA-Budget bestimmst du flexibel pro Monat.
SEA-Budget empfiehlt sich für kleine Firmen und Klein-
Unternehmer.

Damit kannst du mit sehr effizienten Optimierungsmethoden
das Maximum aus einer Kampagne herausholen; schließlich
hast du nur sehr begrenzte Mittel für Werbung zur
Verfügung.

Man nennt dies auch Small-Sized SEA. So nennt man dies,
wenn dein monatliches SEA-Budget unter 500 Euro liegt, dir
also nicht mehr Geld für Werbungskosten zur Verfügung
steht.
Das bedeutet ein Tagesbudget von ca. 16 Euro.

Weiter unten erfährst du, welche Kosten du ungefähr planen
solltest, um eine gute Kampagne zu fahren. Bei einem zu
niedrigem Budget musst du Anzeigenrang oder beim
Tagesbudget sparen musst. Dies kann sich negativ auf deine
Pan-per-Klick Abrechnung auswirken.

Wie solltest du die Auswahl deiner Keywords steuern?
Keywords sind ein Schlüssel zum Erfolg. 10 bis 12 Keywords
pro Anzeigengruppe sollten dir genügen, um effektiv
arbeiten zu können.

Und ganz wichtig. Nicht die Menge der Keywords bringt dir
Erfolg, sondern die Keywords nach denen die User suchen,
bzw. gesucht haben, sind für dich hilfreich.

Versuche stets Keywords zu finden, die dein Angebot
treffend beschreiben. Je genauer Keywords zu deinem
Angebot passen, je besser dein Erfolg von Usern angeklickt
zu werden.

Keywords die bei Google-Ads am meisten geklickt werden,
sind meist auch die, welche den höchsten Klick-preis haben.

Dies nützt dir jedoch wenig, wenn dein Angebot nicht konkret mit diesen Keywords übereinstimmt. Vermeide Suchbegriffe die nicht zu deinem Angebot passen!

Wenn du teure Uhren, Gemälde, Schmuck verkaufst, solltest du Keywords wie z.B. „preiswert", „günstige" ausschließen. Klicks von Usern auf diese beiden Keywords bringen dir nicht die Kunden die du suchst, sondern kosten dich nur Geld.

Versuche also nie, allgemeine Suchbegriffe zu wählen, um viele Besucher auf deine Webseite zu locken.
Ganz nach dem Motto: „Viel Vieh macht auch Mist" oder „einer wird schon dabei sein, der „kauft". Das funktioniert bei Google nicht und macht dir nur deine Bewertung kaputt.

Versuche am besten mit 3 Top-Keywords zu arbeiten, die dein Angebot so konkret wie nur möglich beschreiben.

Gehe beim Google Ads starten wie folgt vor:
Als erstes legst du dir ein Werbebudget fest, also einen Betrag den du bereit bist für deine Werbung zu investieren.
- Klicke im Menü auf der linken Seite auf „Kampagnen"
- Klicke auf das „Pluszeichen" und dann auf „Neue Kampagne"
- Wähle ein Zielvorhaben für die Kampagne aus. Sollte kein Vorschlag passen, wählst du die Option „Kampagne ohne Zielvorhaben erstellen" aus.

Dann legst du ein maximales Cost-per-Click-Gebot fest. Dies ist der Höchstbetrag den du für einen Klick auf deine Anzeige bereit bist zu zahlen. Das ist der Betrag, der dir für einen Klick höchstens berechnet wird. Meist ist dieser Betrag jedoch niedriger oder erheblich niedriger, den du zahlen musst.

Wenn du ein CPC-Angebot abgibst, zahlst du bei einem Klick

auf deine Anzeige nie mehr, als das von dir festgelegte maximale Angebot, da kannst du sicher sein.
Nähere Einzelheiten dazu erfährst du in den dortigen Kampagne-Informationen.

<u>Hier ein Beispiel:</u> Dein Suchbegriff würde bei Google 39 Cent pro Klick kosten. Dann erhältst du Internetbesucher, die bis zu dieser Summe in Frage kommen.

Kostet ein Suchwort-Klick zum Beispiel 1,20 Euro, werden solche Kunden nicht auf deine Webseite (mit 39 Cent pro Klick) geleitet.

Bedenke jedoch, nicht jeder Klick auf ein Angebot deiner Webseite veranlasst Interessenten sofort zum Kauf. Klicks von Interessenten die nicht kaufen, vermindern dein zur Verfügung stehendes Finanz-Budget. Die durchschnittliche Klickrate bei Google Ads liegt bei 1,91 Prozent.

Will heißen, 1000 Bezahl-Klicks auf deine Webseite ergeben durchschnittlich 19 Verkäufe.
Da gilt es gut abzuwägen, welche Keywords du für deine Webseite verwendest, um deine Kampagne profitabel zu gestalten.

Versuche deshalb erst, mehrere Testläufe durchzuführen, um daraus soviel wie möglich brauchbare Informationen für dich zu erhalten.

<u>Ein alternative, weil preisgünstigere Werbe-Variante wäre:</u>
Du nimmst Kontakt mit einem Blogbetreiber auf, der dann deine Werbeanzeige mit in seinen Blog nimmt.

Gute Blogs haben monatlich hunderte, ja oft tausende von Lesern die sich informieren und auf deren Inhalte zugreifen. Allerdings sollte deine Werbung dann auch mit den Inhalten des Blogbetreibers Gemeinsamkeiten aufweisen.

Es macht wenig Sinn, z.B. für „Treppenlifte" bei einem

Blogbetreiber Werbung zu schalten, der „Mode und Fashion Infos" zum Inhalt hat.

Als Werbung eignen sich Produkt-Neuheiten und Informationen aus deinem Unternehmen. Bei manchen Blogbetreibern kannst du deinen Angeboten auch Bilder und Videos hinzufügen.

Wenn du dich damit nicht auskennst oder keinen geeigneten Blogbetreiber findest, gibt es Firmen die diese Arbeit für dich übernehmen und dabei helfen.

Es gibt ca. 26.000 unabhängige Blogbetreiber, da wird sich sicher auch einer finden für deine Werbepräsenz im Internet.

Hier endet mein Report. Wenn nur einer dieser Tipps und Anregungen in meinem Büchlein, dir Hilfestellung oder Inspiration für neue Ideen bieten konnten, hat sich der Kauf für dich bereits gelohnt.

****

© 2021 Karl H Rausch
Herstellung und Verlag: BoD – Books on Demand,
Norderstedt
ISBN: 9783755770442